JEUX D'ENFANTS

Eliane Schierer

Synopsis

Dans cette nouvelle, je décris les jeux de mon enfance qui m'ont marqués. J'adore me souvenir de cette période de ma vie. J'espère que vous passerez un bon moment, projetés dans le passé ! Je vous laisse découvrir mon récit.

Bon divertissement !

Je suis née en juin 1958 dans un hospice pour personnes âgées qui faisait également office de maternité à l'époque. L'établissement était tenu par les sœurs de l'ordre de Saint Paul de Vence. Les papys et mamies étaient heureux de venir nous contempler à travers les vitres. Hélas, au début des années 60, la maternité fût fermée. Certaines mamans n'appréciaient pas que le médecin de la petite ville et une sage-femme accouchent les jeunes femmes. Maman m'a toujours certifié qu'il n'y avait pas eu de problèmes. Mon frère René, était né dans un hôpital d'une ville voisine huit ans auparavant et c'était bien pire.

Au début il était déçu étant donné qu'il voulait un petit frère. Très vite, mes parents lui ont dit que dans le «magasin où on achète les bébés», il n'y avait que des petites filles. Comme cadeau de bienvenue j'eus droit à une sucette ramassée sur la route. Il s'est excusé auprès de mes parents, car il n'avait pas d'argent.

L'école maternelle n'était pas très loin. Les élèves pouvaient arriver jusqu'à 9 heures. C'était déjà l'horaire mobile dans les années 60.

J'étais bien souvent dans le lot des retardataires.

Nous portions de petits tabliers à carreaux pour ne pas salir nos habits ainsi que des pantoufles.

Ah, ce que je détestais ces travaux manuels! Dieu merci que Manon était là, une petite fille qui m'aidait. L'école était mixte. L'élève le plus terrible s'appelait Jean-Pierre. Il réussissait à détourner l'attention de la maîtresse et se mettait à tournoyer dans la salle de classe. Impossible de le calmer. Heureusement que notre institutrice était patiente et calme.

Nous habitions un appartement de service mes parents étant concierges aux PTT au Grand-Duché. Mon père Christophe, lui, travaillait comme soudeur dans un atelier non loin de chez nous et le soir toute la famille aidait ma mère dans ses tâches diverses d'entretien et de nettoyage des locaux.

J'aimais toutes les bêtises que mon frère faisait et je l'imitais. Il m'impressionnait !

Seulement lui, ne se faisait pas toujours prendre, moi oui. J'étais trop naïve, hélas.

J'aimais mettre ses pyjamas à rayures. Nous dormions dans la même chambre au début quand nous avions emménagé. René était très taquin. Bien souvent, maman devait intervenir car notre bataille de coussins lui déplaisait fortement. Un peu plus tard il avait sa propre chambre et moi j'étais contente. Enfin une pièce pour moi toute seule.

Lui, n'aimait pas trop faire la poussière dans sa piaule et sur son bureau. Par la force des choses, c'est donc devenu mon travail mais il me donnait de l'argent de poche et je pouvais m'acheter un vinyle ou du chocolat. Un vieux tourne disque s'y trouvait aussi et nous écoutions à tour de rôle, les chansons de l'époque.

René, mon cousin Arthur et moi jouions également au football chez ma grand-mère française, Jeanine. Nous étions contents de nous défouler, cela nous changeait de la ville et de l'appartement. J'étais gardienne de but. Un jour mon frère m'envoya le ballon en plein estomac, je m'écroulais et hurlais de douleur. J'avais envie de le taper cependant lui s'enfuyait à toutes jambes. Heureusement que maman était intervenue et avait sévi.

Arthur et moi avions deux ans d'écart. Je l'aimais beaucoup. Hélas Arthur n'est plus. Il a succombé à un cancer en 2006.

Marie-Christine, ma cousine, la sœur d'Arthur, participait rarement à nos jeux, elle lisait beaucoup. Il était impossible de la motiver.

Elle et moi avions un an d'écart. Elle est devenue institutrice plus tard. J'avais l'impression qu'elle vivait dans un monde à part, c'était dommage.

Nous nous confectionnions des arcs et des flèches en bois. On utilisait de la ficelle du jardin de mémère pour mettre en place une corde. Nous étions devenus les acteurs du film *WINNETOU* et les indiens.

Mon cousin et moi aimions visionner Robin des Bois, les trois mousquetaires et, bien sûr Zorro à la télévision en noir et blanc des années soixante. Je lui ai donc suggéré la mise en place d'épées de «défense» car nous allions imiter tout ce beau monde. Arthur obéissait presque toujours. J'étais en quelque sorte son «chef de clan». Quand il se sentait menacé par d'autres enfants, il annonçait fièrement mon poids et nos rivaux partaient à toute vitesse.

Pendant l'entraînement, Arthur me frappa sur les doigts sans le vouloir. Ma vengeance ne se fit pas attendre. Il partit se cacher pour esquiver ma colère. Une autre fois, il avait laissé échapper la poignée en fer d'un petit wagonnet à légumes. Cette dernière atterrit tout droit au milieu de mon visage. Je hurlais de douleur et Arthur dû s'enfuir une fois de plus. Au cirque, nous avions vu des artistes sautant sur des trampolines, alors nous nous amusions à les imiter avec les cageots en bois vides de notre grand-mère. La pauvre n'eut plus un seul élément pour y déposer ses légumes. Le lendemain, nous chassions les poules, dont une s'était cassée une patte lors de sa fuite et elle finit dans nos assiettes. Nous nous amusions avec des pierres afin de vendre des objets imaginaires d'épicerie ; beurre, petits pois et carottes, œufs, lait. Nous faisions de rien un petit jeu très amusant.

Un autre fois maman et mémère s'affairaient dans le jardin. Nous avions très soif mais la porte était fermée et j'eus donc la mauvaise idée de pousser la fenêtre de la cuisine pour pénétrer à l'intérieur de la maison. Par la même occasion je renversais trois pots de fleurs.

J'étais angoissée car je savais ce qui allait se passer si maman découvrait les dégâts. Très vite, j'installais à nouveau deux des pots de fleurs quand subitement maman se retrouva juste devant moi, elle avait surgi de nulle part. Arthur me tenait par la taille pour échapper à la fessée. Je fût sacrifiée pour lui. J'étais hors de moi. Le troisième pot de fleurs fut ramassé et le plancher en bois balayé et nettoyé. J'étais fâchée, lui n'avait pas eu de gifles, moi oui. J'allais agir ! Cela ne m'a pas fait de mal, nos parents voulaient qu'on respecte les biens d'autrui. Je les remercie encore aujourd'hui pour l'éducation qu'ils m'ont transmise.

Pendant les grandes vacances, Arthur et moi, avions convenu de construire des tentes à l'aide des toiles et sacs de jute. Grand-mère les utilisait pour y mettre ses pommes de terre récoltées dans les champs. Nous avions prévu également des bâtons en bois pour les faire tenir. Nous utilisions à nouveau notre fameuse ficelle pour fixer notre construction.

Mon cousin était un très bon ouvrier. Chaque ami ou amie devait ramener une bricole pour manger à l'intérieur ; du sucre en poudre sur des tartines beurrées, du chocolat, de l'eau, de la limonade. Ensuite, j'organisais une course de sacs. Nous nous efforcions d'arriver les premiers, lui et moi.

Tout le monde était content. Un peu plus tard, nous nous adonnions à la course à l'oeuf. Nous mettions une cuillère à soupe dans notre bouche et un œuf dessus. Celui qui franchissait l'arrivée en premier sans laisser tomber l'oeuf avait gagné.

Une autre fois j'eus la mauvaise idée d'utiliser une charrette de mémère et je la lançais à toute vitesse contre les portes de grange. La poignée fit un bruit assourdissant. Heureusement qu'elles étaient solides, elles n'ont pas déraillé.

J'adorais tous les jeux de garçons mais je jouais également à la poupée. J'avais un baigneur de couleur noire qui s'appelait *Mombo*. Mon poupon avait un petit costume vert que grand-mère avait tricoté pour lui ! C'était super nos jeux d'enfants ! Un jour nous étions Winnetou, une autre fois nous chevauchions nos chevaux en métal, de la police canadienne, sans oublier Zorro, Robin des Bois et les trois mousquetaires, nos héros de la télévision en noir et blanc.

Une petite rivière coulait tout près de notre demeure au Luxembourg. On y trouvait des poissons de toute sorte. Je m'amusais à grimper aux arbres. J'étais un vrai garçon manqué. Pour ami, j'avais Romuald qui avait le même âge que moi. Il parlait de choses bizarres et avait beaucoup d'imagination mais elles me permettaient de m'échapper de mon quotidien.

Nous faisions semblant de chercher un trésor près de cette rivière. On vivait nos rêves. Il partait avec ses parents tous les ans en vacances à la Côte d'Azur. Nous non car nous n'en avions pas les moyens. Mais moi, je rêvais de prendre le train ou bien d'être allongée sous les palmiers ! J'attendais avec impatience son retour pour qu'il me raconte son vécu.

J'adorais escalader les murs. Un jour, je m'étais coincée la jambe dans la rampe d'escaliers devant la maison de Romuald. Sa mère avait essayé tant bien que mal de me libérer de cette fâcheuse posture avec du savon noir. Et cela avait marché ! Ma jambe était bleue. Inutile d'évoquer la leçon de morale de maman.

Plus tard, mon copain et moi, avions escaladé une clôture d'un paysan pour aller voler des pommes dans son verger. Il nous avait aperçu et nous avait chassé avec une fourche. Avec une rapidité éclair nous passâmes de l'autre côté.

Avec des amies, j'avais envie d'aller cueillir des quetsches dans le jardin d'une personne que l'on ne connaissait pas ; la bonne conscience m'avait rappelé à l'ordre. Et si le propriétaire venait se plaindre chez mes parents ? Me connaissait-il ? J'allais donc rejoindre Mairie-Paule, une camarade de classe, avec de l'argent que mes amies et moi avions introduit dans une enveloppe pour l'amener à ce Monsieur. Cependant, il n'en voulait pas et elle me l'avait ramené. Je l'avais échappé belle.

Romuald et moi devions aussi prouver notre courage. L'un observait la fenêtre de la police qui travaillait dans les bureaux de la mairie et l'autre volait des fraises dans les jardins. Quelle aventure ! On ne s'est pas fait prendre.

Il y avait des urinoirs tout près de la place publique. Deux gamins avaient mis leurs vélos contre un mur pour s'y rendre. Nous leur avions sorti l'air des pneus et nous nous échappâmes à toute vitesse pour qu'ils ne nous rattrapent pas. Ma vieille trottinette donnait tout ce qu'elle pouvait, c'était celle de René. Mon coeur battait la chamade !

Un autre jour nous roulions en bicyclette jusqu'à une ville voisine. Je me mis debout sur la rambarde d'un kiosque et je sautais au-dessus des plates-bandes de fleurs. J'avais vu Jean-Marais le faire à la télé et je voulais l'imiter. J'ai eu énormément de chance de ne pas m'être blessée.

Malheureusement pour moi, une connaissance de maman m'avait vue. Elle alla la retrouver pour lui expliquer que je jouais à la « *stunt woman* » et que c'était très dangereux. Comme d'habitude, je fut punie, pas de télévision pendant quelques jours.

Nous avions comme amie commune Marie-Claire, qui était la fille d'un gendarme. La pauvre fut assassinée une quinzaine d'années plus tard par un mari jaloux. C'était une jeune fille frêle, très gentille et toujours de bonne humeur. Nous jouions à cache-cache avec elle. Tous les enfants du quartier y participaient. Le plus drôle c'était quand il y avait les manèges de la kermesse annuelle. Nous disposions de mille repères pour nous y dissimuler. Comme nous n'avions pas beaucoup d'argent, nous nous glissions à l'intérieur du manège quand le propriétaire avait déjà activé la sonnette de départ. Je pense qu'il avait fait semblant de ne pas nous voir. En cadeau, nous avions souvent le pon pon pour faire un tour gratuit. Ensuite nous allions à la pêche aux canards. Comme d'habitude je choisissais des jouets pour garçons, pistolets, épées ou arcs. René et moi jouions au baby foot, j'adorais !

Je me rappelle d'autres jeux tels que la marelle. Nous dessinions des carrés à l'aide de craie et on trépignait d'un carré à l'autre. Ensuite nous avions des cordes à sauter que nous déployions pendant la récréation. Nous chantions des comptines pendant ce jeu très amusant. Les enfants bien entraînés pouvaient participer à la «vite» ou à la double corde. Les deux autres devaient faire tourner la ou les cordes très rapidement.

De 9 à 12 ans, j'étais dans la chorale enfantine et dans les scouts.

Un jour, nous avions répétition ; notre chef de coeur piqua soudain une crise de nerfs. Nous étions en train de parler ensemble et de rire. Cela l'avait énervé. Il prit le missel et le lança dans la salle de répétition, renversa le pupitre et nous pria de renter à la maison. Des années plus tard, maman me confia que sa femme le trompait à ce moment là. Ses nerfs avaient pris le dessus.

Le scoutisme, j'aimais beaucoup. J'étais partie une semaine en colonies de vacances. Nous dormions toutes dans des sacs de couchage au premier étage. Les WC se trouvaient à l'extérieur dans un petit cabanon. Après avoir fait notre toilette à l'eau froide, nous devions nettoyer la salle. Suite à mon séjour, j'avais reçu de la part de ma supérieure, un badge en signe de récompense. J'étais fière et il fût collé sur le bras droit de mon uniforme. J'en reçus encore trois autres au fil des années.

Nous apprenions également la nature, les plantes, les arbres, les champignons. Nous chantions *Kumbaya my Lord, Kumbaya, près* du feu de camp. C'était le bon vieux temps !

J'adorais me promener dans la forêt avec papa. Il me portait sur ses épaules. En été, le dimanche, nous allions cueillir les fraises des bois ou les mûres en famille. Papa fumait quand nous nous promenions pour éviter que les taons ne le dévorent. Il aimait les animaux. Nous avions un grand aquarium de 50 litres, des perruches et des oiseaux exotiques. Mon père avait installé une maternité dans l'aquarium car certains poissons dévoraient leur progéniture.

Nous avions reçu la première télévision en noir et blanc avec 4 programmes en 1967. Elle datait de 1959 et était un cadeau d'un ami à papa.

Il me consolait souvent car maman, avait la main leste. Dès que je faisais une bêtise, elle me punissait. Il était beaucoup moins sévère qu'elle. C'était mon héros. Aussitôt qu'il rentrait du travail, je me jetais dans ses bras. Son costume de travail sentait le cambouis or cela ne me dérangeait pas. On allumait notre vieille radio et nous dansions sur la musique de Johnny Halliday, les Beattles, Heino. Pour ce faire, je me mettais sur ses pantoufles. Ah, que de bons souvenirs !

J'avais beaucoup plus de mal à l'école que René. La concentration me faisait hélas défaut.

J'excellais en langues, par contre j'avais des problèmes en arithmétique. Je parlais le français, la langue de maman, l'allemand, l'anglais, le luxembourgeois et un peu d'italien. Grand - mère Marie-Anne, la mère de papa parlait aussi le luxembourgeois.

La dernière année scolaire en primaire touchait à sa fin. J'avais la chance d'avoir une institutrice qui était très compétente. C'était un paquet de nerfs, en revanche chez elle, nous apprenions bien. Le jour de l'examen passé, j'attendis avec impatience les résultats. J'avais un mauvais pressentiment et je ne m'étais pas trompée. Recalée en arithmétique! Examen de rattrapage en septembre ! C'était la catastrophe !

— Mince, que va dire maman? pensais-je. Mon coeur battait très fort. Je fondais en larmes !

Ma mère avait sa solution radicale ! Pendant toutes les grandes vacances, l'après-midi, de 14 à 16 heures, j'étais assise dans le salon de grand - mère Jeanine. J'avais le droit d'aller la voir en autobus sous certaines conditions dans mon petit panier.

Maman m'avait donné des devoirs à faire en arithmétique. L'école primaire remettait ce genre de livre aux parents. Je ne sortais que quand ils étaient terminés. Ah, j'obéissais, il le fallait bien ! Je devais à tout prix réussir ces examens. Je n'aimais pas apprendre avec René, il était trop nerveux et je ne l'écoutais pas. Je n'aimais déjà pas les maths en plus un René qui me prenait la tête, c'était de trop ; cela me valut une gifle, c'était ainsi. Il croyait bien faire pour m'aider et comme je n'étais pas disciplinée il sanctionnait !

— Tu viens jouer Eliane ? demanda mon cousin. Il était assis sur son mini-vélo ; il m'attendait patiemment.

— Oh, je viendrai plus tard, lui répondis-je, je dois faire mes devoirs d'abord. Tu connais ta marraine !

Même ma grand-mère avait reçu un avertissement de maman. Elle n'avait pas le droit de me laisser sortir avant que mes devoirs soient terminés. Quel supplice !

Le soir maman me faisait réciter pendant son travail aux PTT. J'avais intérêt d'apprendre mes leçons.

Arthur, ma cousine Marie-Christine, mon oncle et ma tante, n'habitaient pas très loin de grand-mère. Maman avait encore deux sœurs dont une qui habitait au village cependant c'était à maman de prendre soin de mémère car les autres se *lavaient les mains* en lui laissant tout le boulot.

Plus tard en septembre 1970, les résultats des examens d'admission étaient finalement tombés. Admise. "Merci Maman" pensais-je. Je lui en suis encore reconnaissante aujourd'hui. Sans son aide, je n'aurai jamais réussi.

J'aimais beaucoup Arthur. Je le protégeais contre des copains un peu trop hardis. Il annonçait toujours très fier mon poids et que c'était moi le « *chef de clan* » Les pauvres garçons s'enfuyaient à toutes jambes quand j'apparaissais ! Arthur était comme moi, il n'aimait pas trop l'école, ce qui lui valut bien sûr, des réprimandes de ses parents. Nous nous ressemblions !

Le pauvre Arthur mourut d'un cancer à 46 ans. Sa première femme mourut avant lui d'un AVC. Il avait deux enfants. Il avait retrouvé le bonheur, hélas, celui-ci fut de courte durée.

Le chien de la voisine ressemblait à Rin tin tin. Il s'appelait Miro ; il était tellement gentil et affectueux. Nous le faisions participer à nos jeux. Il aimait la glace que nous lui donnions.

Il en était de même pour le caniche de la propriétaire de l'épicerie, Diane. En courant j'avais laissé tomber ma boule de glace. Le caniche était ravi ! Les portables et consoles de jeux n'existaient pas encore. Etait-ce vraiment important? On connaissait nos voisins, nos amis. De nos jours on a des relations virtuelles aux quatre coins de la terre, mais on oublie les gens qui habitent près de nous et qui mériteraient un peu plus d'attention.

J'adorais toujours grimper aux arbres car de là haut je voyais le ciel, les nuages et les maisons, seulement maman ne me pardonnait jamais mes habits déchirés.

Ce que j'aimais également c'était les jeux de billes. Nous creusions un grand trou dans la terre ou dans le sable, ensuite chacun à notre tour on essayait de se rapprocher de la plus grosse bille qui se trouvait au centre. Si nous gagnions, nous emportions, comme prix, la bille de notre ami.

Pendant la récréation, nous jouions aussi au volleyball ou alors à la balle au prisonnier. Ce dernier amusement consistait à essayer d'atteindre les membres de l'équipe.

Je me rappellerai toujours de mon premier cerf-volant que papa m'avait confectionné avec du papier brun d'emballage. C'est moi qui l'avait décoré et colorié. La course de traîneaux en bois dans les descentes était une aventure, nous avions oublié d'enfiler nos gants et l'hiver ne pardonnait jamais.

Je n'oublierai jamais la course en 2CV que je fis avec mes deux autres cousins, Gilbert et Armand. Ils avaient fait la guerre d'Algérie et aimaient raconter souvent leur vie de là bas. Elle n'était pas toujours rose. J'adorais les écouter. Ah, les belles années 60! On prenait le temps de vivre.

Je me rappelle de l'uniforme d'Armand quand la guerre d'Algérie était terminée. Il m'avait porté sur ses bras. Il nous avait ramené un tapis mural, des babouches et un sac à main pour moi. Cela sentait le chameau. Dans ma tête je me mis à rêver de ce pays lointain qui était longtemps sous l'emprise du colonialisme français. Dans un livre de maman, je vis des photos d'Alger la blanche. C'était tellement beau, tous ces édifices très jolis en blanc et je m'imaginais être allongée en-dessous d'un parasol sur la plage ou sous un palmier.

Quelques jours avant de partir à l'école de commerce, mon frère René m'interpella.

— Ecoute Eliane, je suis désolé de ce qui t'arrive. Je sais que tu voulais travailler dans un magasin de fleurs ou dans la nature mais je pense que les parents ont pris une bonne décision. Tu sais, tu vivras mieux en tant que secrétaire. Au moins, tu auras un revenu supérieur. Réfléchis ! Mais je suis convaincu que tu vas réussir, tu as de la volonté. Allez petite sœur, soit courageuse. Tu verras, cela va te plaire et le week-end tu pourras aider les parents au jardin. Nous nous soucions de ton avenir, c'est tout.

— Tu as peut-être raison René, fis-je en sanglotant, mais le pire pour moi est de ne rentrer que le week-end à la maison.

En partant je laissais tomber deux grosses larmes. Mon père me prit dans ses bras et m'embrassa, ma mère l'imita et me donna ma petite valise pour la semaine. René me conduisit à l'école. Il s'était acheté une R 4 brune, d'occasion, cependant c'était un *danger public* car le fond de la voiture commençait à rouiller, et on voyait la route quand nous nous y trouvions. Il y avait placé une planche ! Mes parents n'avaient pas les moyens de lui en acheter une autre, et lui avait juste commencé à travailler donc n'avait pas les fonds nécessaires. Six mois plus tard le problème était réglé. Il nous présenta tout fière sa R4, toute neuve, de couleur grise.

Mon école était gérée par les soeurs de la congrégation de *Sainte Elisabeth*. La mère supérieure nous attendait. Mon Dieu qu'elle avait l'air sévère; soeur Marie Luce ! De petites lunettes noires ornaient un visage durci par la vie. Elle me sourit. Mon coeur se mit à battre très fort !

— Bonjour ma soeur, fis-je en arrivant. Je suis Eliane.

— Bonjour Eliane, enchantée! Venez, je vous montre d'abord le dortoir ainsi vous pourrez y déposer vos affaires, ensuite nous irons en classe.

René me quitta, j'avais le coeur serré, prête à fondre en larmes à nouveau.

La religieuse me montra ma place au dortoir. Il y avait une grande fenêtre au fond de cette salle immense. Chaque élève avait une petite armoire pour ses affaires personnelles. Cela sentait les produits de nettoyage.

— Vous devez vous coucher au plus tard à 22 heures Mademoiselle Eliane car nous éteignons les lumières ! Tout écart de conduite aura ses conséquences. Souvenez-vous en !

J'étais donc avertie. Quelle dictature, pensais-je ! Encore pire que sous la houlette de maman !

Puis, elle me guida vers ma classe où devaient se dérouler les cours. J'étais anxieuse. Soudain elle ouvrit la porte.

Devant moi venaient de s'installer 25 élèves, toutes en tabliers et chaussons. J'étais assise au milieu de la salle. Ma voisine s'appelait Marie, j'étais contente. Elle était sympathique et elle aimait discuter. Mais bon, comme cela dérangeait les cours, on ne se parlait que pendant la récréation. Avec moi en classe, il y avait également Mireille. C'était la fille du patron d'un grand magasin de vêtements. Elle était très gentille, toujours de bonne humeur. Elle avait un humour assez sec, ce qui me plut énormément.

Mireille avait redoublée une année, elle était donc plus âgée que nous. Notre régente, soeur Marie-Alphonse, nous donnait des cours d'anglais. Je l'appréciais car elle était compétente et aimable. Nous commencions toujours par prier et devions assister à l'office, le jeudi matin à 9 heures. L'enseignante de français était qualifiée mais hyper nerveuse ; elle dictait tellement vite que mon écriture était de plus en plus illisible. Un jour, elle vint en classe avec deux sortes de souliers. C'était marrant. Elle me faisait penser à *Tournesol* dans *TINTIN*. Le professeur de biologie était un génie, hélas c'était un alcoolique. Un curé nous enseignait l'arithmétique ; il s'essuyait toujours les mains sur son pantalon quand il écrivait au tableau. Son costume portait des traces de craie. Ce petit homme tout grisonnant était très intelligent. Nous l'aimions beaucoup. Nous avions cours tous les samedis matin. Nous n'étions pas aussi gâtées que les jeunes de nos jours! Mes parents devaient m'acheter une machine à écrire mécanique, une Olympia car durant deux ans, le pensionnat ne nous mettait pas de machine électrique à disposition. Nous devions marcher plus d'un kilomètre avec cette dernière pour prendre le bus et elle pesait lourd. Nous avions aussi deux «vieilles filles» comme professeur ; une était vraiment sympathique même si nous n'apprenions pas grand-chose en classe, l'autre avait l'air d'un général d'infanterie or ses cours étaient plus structurés. Elle était douée, je dois l'admettre.

Quand la sœur qui était responsable des dortoirs avait tourné le dos, nous nous amusions à nous lancer des coussins. Je dû penser à René quand j'étais toute petite on faisait la même chose. Deux larmes coulaient le long de mes joues. Une élève avait lancé sa chaussure sur le plafond. La punition se s'est pas faite attendre dans les jours qui suivirent.

Je n'aimais pas la sœur qui nous donnait des cours de dessins. Souvent elle surgissait de nulle part et nous effrayait. On ne l'entendait pas marcher. Elle portait le surnom de «le fantôme».

Avant de commencer elle aérait toute la pièce. Je

n'aimais pas cette matière et encore moins cette

religieuse. Avec le recul je pense que c'était

réciproque. Je détestais aussi l'écriture gothique.

Pour ce faire nous avions du matériel spécifique ;

un stylo plume et un petit pot d'encre. Attention

aux tâches dans notre cahier !

Pendant un week-end, je devais surveiller

notre déjeuner. Par mégarde j'avais fait tomber le

couvercle en fer sur mon gros orteil. Maman

m'avait entendu hurler jusqu'au grenier où elle

étendait la lessive. Notre médecin m'enleva

l'ongle tout noirci avec une pince, il ne tenait

plus qu'à un fil. Je mordais dans mon mouchoir de douleur. Quelques années plus tard, le 26. décembre il avait arraché une dent à maman. Il lui avait donné de la pénicilline pour qu'elle ait moins mal. Le médecin était gentil et dispo.

Après 4 ans d'études je sortis grandie de cette épreuve et la vie d'adulte commençait pour moi car j'avais reçu une offre d'emploi. Ma nouvelle vie ne fut pas simple mais je réussi à surmonter toutes les épreuves.

Cette nouvelle est basée sur la pure imagination de l'auteur. Les personnages et situations ont été inventés de toute pièce. Toute ressemblance serait due au fruit du pur hasard.

Remerciements

Je remercie :

- Marie-Josée pour sa patience et son soutien.

- Ma mentor, pour son soutien indéfectible.

- Mes connaissances et amis.

- BoD qui m'a permis de participer à ce concours.

© 2023, Eliane Schierer

Edition: BoD – Books on Demand,

info@bod.fr

Impression: BoD – Books on Demand, In de

Tarpen 42, Norderstedt (Allemagne)

Impression à la demande

ISBN: 978-2-3225-0091-8

Dépôt   Légal: août   2023